Danse d'Azur

pour deux Guitares

SHINGO FUJII

紺碧の舞曲

ギター二重奏のための

藤井眞吾

FORESTHILL EDITION

FHED20602

pour
mes amis,
Kén SHIBATA et Atsuko FUKUYAMA

Danse d'Azur

pour deux Guitares

Shingo Fujii (2002, Jun)

Prologue

XII.
VII.
XII.
Nat.
f
Tranquillamente mosso ♩.=62
p e ritmico
f
rit.
pp
leggèro
marcato
marcato
mp
p
mp
p
mf
sf
mf
f
p i p a
mf
C.II
f
f
marcato
m a
p
p

marcato
mp
p
mp
mf
p
f
marcato
f
Calmando
p subito
dolce
p
mp
②
dolce
④
⑤
arm.V
mf
marcato
p
mp
più mosso
accelerando poco a poco
mp
poco rall.
sf
p
p
p
mf
sf
f
⑤

Danse d'Azur

Allegro energico ♩.=86

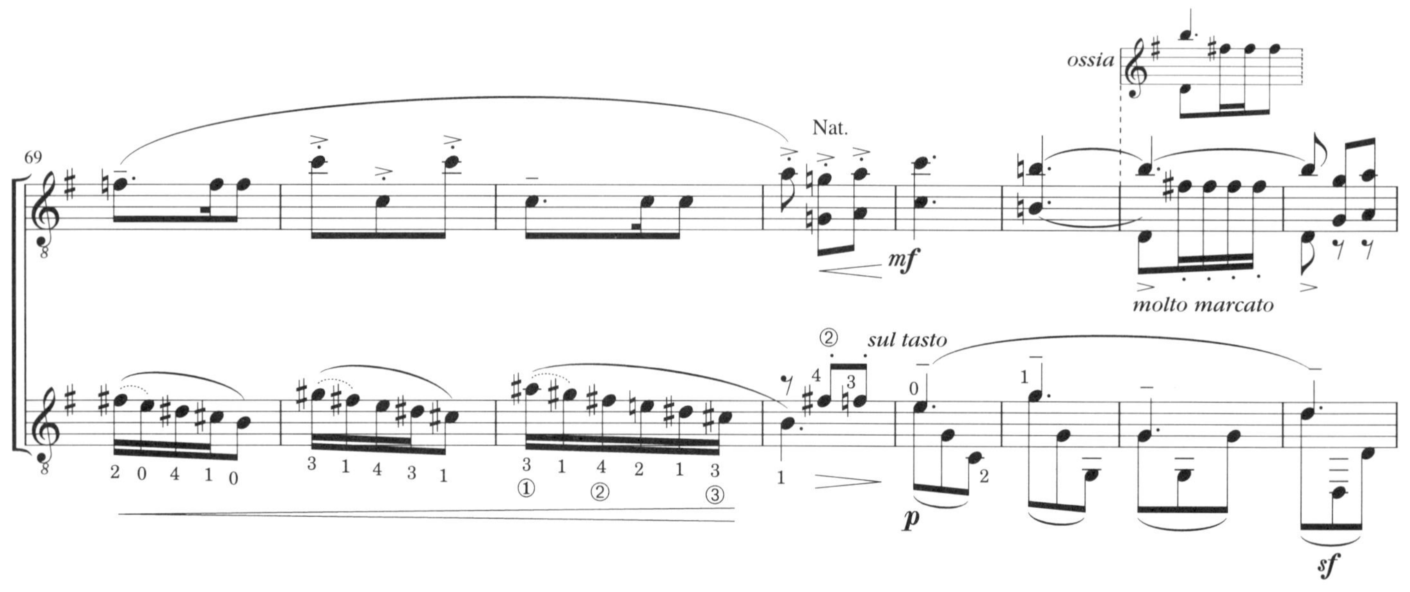
ossia
Nat.
molto marcato
sul tasto
mf
p
sf
molto marcato
p
sf
p
sf
p
ossia
molto marcato

sul tasto
mf
p
mf cantabile
p
mf
arm.oct.
mp
Nat.
mf
p

accentuato
121
mf
f
127
mp
più forte
meno
133
marcato
sf
f
accentuato
ff
sf
139
marcato
marcato
mp
mf
ff
p
f
ff
145
ff
mf
ff
mf
f

150
molto marcato
ff
mp
mp
154
ff
ff
ff
ff
158
molto marcato
molto marcato
ff
f
sf
mf
sf
162
arm.
VII.
⑤
sf
ff
sf
ff

208
molto marcato
p
marcato
216
224
C.II poco
232
i m p i m
p
p
dolce espressivo
mp
mf
mf
238

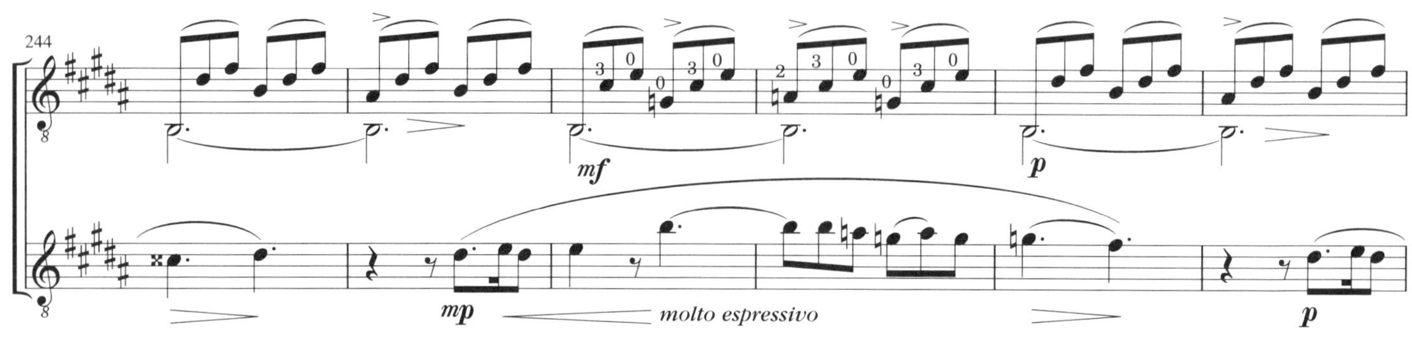

244
mf
p
mp
molto espressivo
p

250
pp
molto cresc.
mf
C.VII
mf

256
mf ancóra
C.VII
C.II
mf
ancóra

262
mp
mf
p subito
mp
mf
p subito

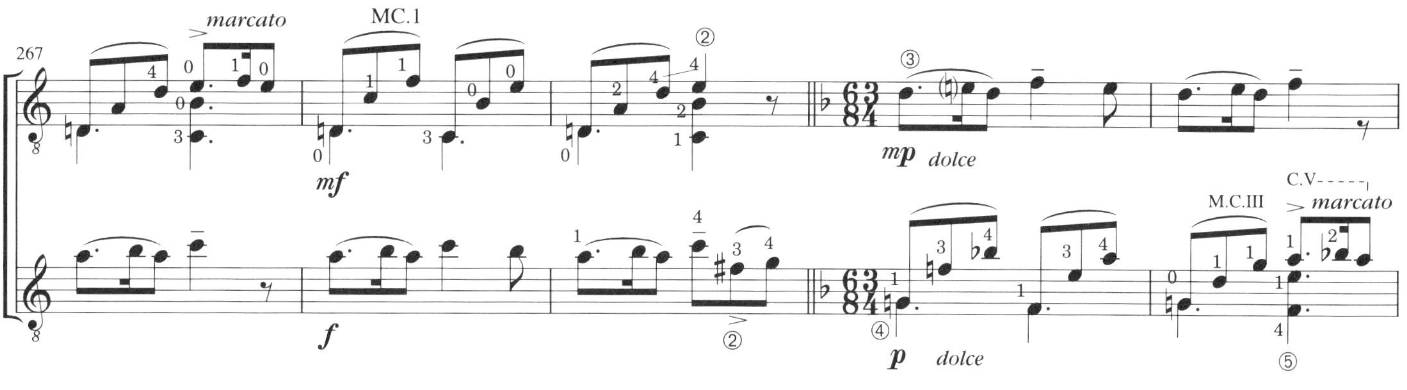
267
marcato
MC.1
mf
mp dolce
f
p dolce
M.C.III
C.V
marcato

272
f
mf
f
mf
accentuato
mf
ff

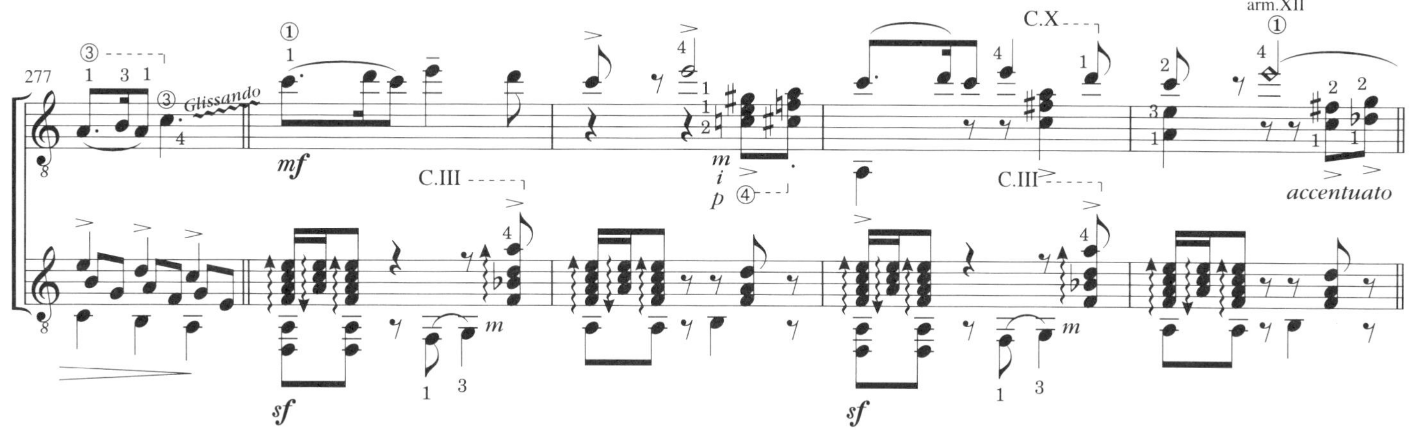
277
Glissando
mf
C.III
C.X
arm.XII
m
i
p
accentuato
C.III
sf
sf

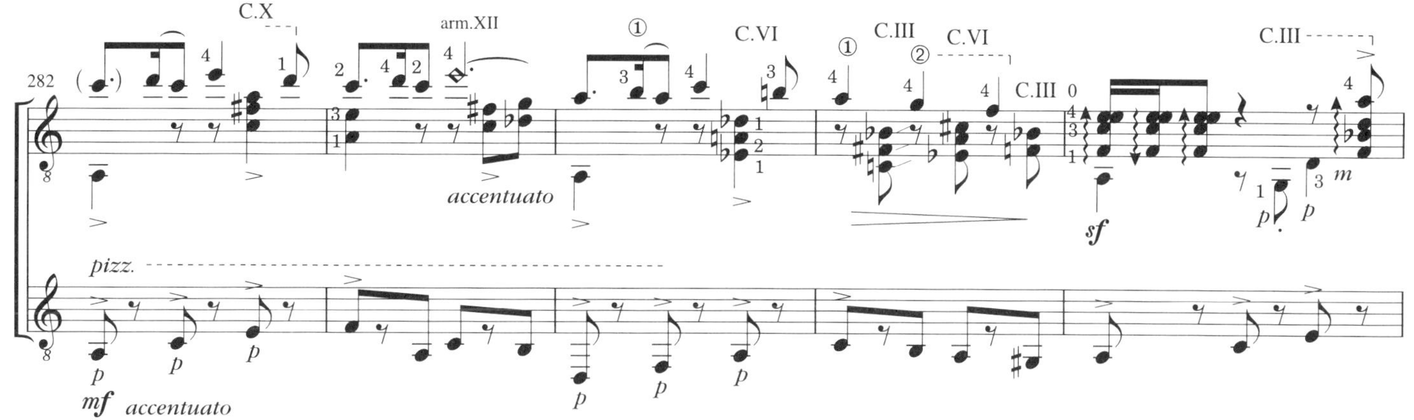
282
C.X
arm.XII
C.VI
C.III
C.VI
C.III
C.III
accentuato
sf
m
p
p
pizz.
p
p
p
p
p
p
mf accentuato

315
mp
arm.
arm.XII
arm.VII
arm.XII
mf
mf
f
323
mf
mf
331
f
mf
338
sf
(oosia 8va alta)
p sul ponticello
345
Nat.
mf
sul ponticello
molto marcato

353
molto marcato
361
molto marcato
Nat.
sempre marcato
C.I
sf
368
375
molto marcato
sf

382
mf mìstico
mf mìstico
C.VI
sf
molto marcato
molto cresc.
mp
mp dolce
390
C.I
398
C.III
C.VI
C.VII
molto cresc.
p
sf
404
6/8

427
molto marcato
ff
ff
ff
mf
431
molto marcato
f
sf
sf
sf
sf
più energico
435
ff
ff
ff
ff
443
sempre f
sempre f
ff
ff

FORESTHILL EDITION

Guitar SOLO

●J.Sバッハ（福田進一 編曲）/無伴奏チェロ組曲
Suites for Guitar (Cello Suites) by J.S.Bach, arranged by Shin-ichi Fukuda
- 第4番 BWV1010
- 第5番 BWV1011
- 第6番 BWV1012

●井上幸治 ギター作品集
Pieces for Guitar by Yukiharu Inoue

Mandolin & Guitar

●マンドリン & ギター二重奏曲集 第1巻（中野義久 編曲）
Arrangements for Mandolin & Guitar Duo, vol.1 by Yoshihisa Nakano

---

Flute & Guitar

●J.ガーシュイン（藤井眞吾 編曲）/三つの前奏曲
G.Gershwin (arr. by S.Fujii): 3 Preludes

●杉原葉子/夜のスケッチ
Y.Sugihara: Contours de la nuit (Night Sketches) pour flûte et guitare

---

Guitar ENSEMBLE

FHED20501 ●藤井眞吾/パッサカリア　〜独奏ギター、独奏ヴァイオリンとギター合奏のための小協奏曲
S.Fujii: PASSACAGLIA, Concertino for Violin & Guitar with Guitar Ensemble .... 2,000円（本体）

FHED20602 ●藤井眞吾/紺碧の舞曲　〜ギター二重奏のための
S.Fujii: Danse d'Azur, pour deux Guitares .... 1,500円（本体）

藤井眞吾《紺碧の舞曲》
ギター二重奏のための
初版発行　　2006年7月19日
発　　行　　株式会社 フォレストヒル
　　　　　　福岡市中央区今泉2丁目4-58
　　　　　　Tel.092-715-3822　Fax.092-715-3833
　　　　　　http://www.foresthill-morioka.com/
装幀/版下　　マンサーナ
　　　　　　ISBN 4-9901074-1-1
　　　　　　定価 1500円（本体）＋税

FORESTHILL CO., LTD.
2-4-58-1F, Imaizumi,Chuo-ku,Fukuoka-City,Japan
phone:092-715-3822　fax:092-715-3833